JANOSCH

FRANÇOIS ET LE CHAPEAU MAGIQUE

Avec de belles images
en couleurs
de Janosch lui-même

Übertragen ins Französische
von Albert Barrera-Vidal

Lensing

Janosch bei Lensing – en français

Le Shérif des souris
Tu es un Indien, Jean
François et le chapeau magique

Für die Schule bearbeitet von Joachim Stiller

Pour mon fils Julien,
cette adaption d'un livre signicatif.
A.B.V.

Kompakt-Kassette ISBN 3-559-35184-7

JANOSCH wurde 1931 in Zaborze/Oberschlesien geboren. Volksschule, Schlosserlehre, nach dem Krieg zwei Probesemester in der Zeichenklasse der Münchner Akademie, dann Feuilletonmitarbeiter der ZEIT und Mitarbeiter einer Automobilzeitschrift. 1956 Veröffentlichung der ersten Kurzgeschichte. Seit 1960 schrieb und malte er weit über 100 Kinderbücher (auch einige Romane), die in vielen Sprachen erschienen. Er erhielt viele Preise und Auszeichnungen, u.a.: Kulturförderpreis für Literatur, München, den Prix Jeuness (Trickfilm), Prix Danube (Trickfilm), Goldmedaille Bratislava, Silberner Pinsel (Niederlande), Jugendbuchpreis, Andreas-Gryphius-Literaturpreis. Janosch lebt heute auf Teneriffa.

Gedruckt auf chlorfrei gebleichtem Papier

ISBN 3-559-**35183**-9

Satz: Ernst Knoth GmbH, Melle

Druck und Buchbinderei: Weimardruck GmbH, Weimar

Druck A[5 4 3 2 1] / Jahr 1996 95 94 93 92

Die letzte Zahl bezeichnet das Jahr des Druckes. Alle Drucke der Serie A sind gegenüber der Auflage 1/1992 unverändert und daher im Unterricht parallel verwendbar.

Table des matières

Un garçon nommé François. Et son combat contre la bande des Gros tas

Nom: Francastel.
Prénoms: François Julien.
Né: le 9/6 (d'une certaine année).
Domicile: 7, chemin des poiriers, à Petit-Bosquet.
Profession du père: Cheminot.
Nom de la mère: Anne, née Prunier.
Signes particuliers de l'élève: de taille petite et peu robuste. L'air craintif.
Résultats scolaires: rien à dire, plutôt bons.

Voilà ce qu'on lisait dans le registre de la classe de cinquième A du Collège Onésime Chahut. François Francastel, septième d'après la liste alphabétique, mais dernier par la taille.
«Un très petit garçon», pourrait-on dire.
C'était là la vie de François Francastel d'un point de vue administratif.

Mais qu'en était-il de sa vraie vie? Existence *difficile* que celle de François Julien Francastel, domicilié 7, chemin des poiriers à Petit-Bosquet, dans son combat contre la bande des Gros tas. A un contre trois. Un petit contre trois gros tas, pour ainsi dire, car le chef de la bande s'appelait Gros-Tas de son vrai nom, et par la taille, c'étaient aussi des gros tas.

Par Toutatis le dieu gaulois, une vie très difficile.

Mais commençons par le début.

Jeannot Gros-Tas était le chef de la bande des Gros tas, mais il se donnait lui-même le nom de Goliath; c'était le fils du patron des super-marchés, Monsieur Gros-Tas, lequel possédait une prétentieuse Mercédés à injection électronique, boîte automatique ou Dieu sait quoi encore. A moins qu'il ne s'agisse entre temps d'une Bé Em Doublevé. Trois ans de plus que François, et plus grand de deux têtes, et ce depuis trois ans. Installé dans la classe de cinquième A. Pour la deuxième année de suite, parce que sa mère avait pleuré quand il avait redoublé. Et que Monsieur Chantemerle était plus généreux que juste.

Chantemerle l'instituteur était vraiment un brave homme.

Par l'intelligence, Jeannot Gros-Tas était une nullité. Par la force, un rien du tout.

Par le caractère, un sale type.

Ses deux copains: Dingo Duchapeau et Bouledogue, un type sans rien de spécial, mais reconnaissable à ses cris, un vrai bouledogue, quoi.

Trois sales types, chacun plus couard que l'autre, trois mauvais garçons que personne n'aimait.

Comment faisaient-ils et *qu'est-ce qu*'ils criaient toute la journée?

«Francastel, nous allons te battre et nous allons accrocher tes restes à nos chaussures.»

Rien que des idioties, indignes d'un être humain. Celui qui parlait le plus, c'était Gros-Tas, toujours à courir derrière François ou d'autres garçons moins forts sur qui il pouvait cogner.

Nous voyons ici que cette façon d'agir montre bien que ces garçons étaient inférieurs, car un homme vraiment fort, c'est-à-dire un homme noble et généreux, ne s'attaque jamais aux plus faibles que lui. Et la seule chose que nous devrions vouloir, c'est d'être nobles et généreux.
Il fallait que cela soit dit. C'est ce que pense François Francastel et c'est ce pour quoi il se bat ici-bas.
Sur cette terre.
Dans la classe.
Et derrière la ligne du train.
Là où il a rêvé de fonder un jour la tribu des Indiens de la ligne du train et d'envoyer les Gros tas du côté des

chasses éternelles. Torturés et scalpés, afin que leurs noires âmes ne trouvent pas le repos.

Et pour mettre un peu d'ordre et de justice dans ce monde mauvais.

Mais pour le moment, ce n'était là que des rêves, des projets pour un avenir lointain. Dans l'immédiat, il s'agissait d'abord de battre ces trois gros tas, par Toutatis, le dieu gaulois.

«Francastel, tu sais voler?»

C'est Gros-Tas qui parlait.

«Maintenant, tu sais voler.»

Et déjà, Gros-Tas avait attrapé François par la chemise, il l'avait poussé vers l'arrière, où Bouledogue s'était baissé. François vola par-dessus ce dernier et se retrouva par terre.

«Et donne le bonjour aux fourmis de ma part, espèce de ver de terre.»

Dans son for intérieur, François préparait un projet drôlement bien fait pour frapper un coup décisif, une noire vengeance contre la bande des Gros tas. François était un penseur.

«*La force est dans la tête.*»

Il avait entendu dire ça par son grand-père, Henri Prunier. Chaque après-midi, il soulevait un sac plein de sable. Et chaque jour, il ajoutait un peu de sable, pour développer les muscles de ses bras. Et la même chose avec un sac de sable sur la tête, et les genoux: lever, baisser, lever, baisser. Pour les muscles des jambes.

Ensuite, il réfléchit beaucoup sur le karaté, l'art de se défendre sans dépenser trop de force. L'adversaire t'attaque, tu bouges un petit peu et d'un léger coup de côté, tu le pousses par-dessus la balustrade.

Tout cela, pour développer sa force mentale.

A cette occasion, il inventa l'art de se défendre *sans toucher son adversaire*. Il l'inventa? Eh bien, pour le moment, il n'avait inventé que la possibilité de le faire. On peut toujours voir par la suite comment le réaliser vraiment. L'homme noble et généreux n'est pas pressé. Il faut d'abord que l'idée soit là, la réalisation viendra toujours après.

Il avait beaucoup de ces réflexions, Francastel.

La plupart lui venaient derrière la ligne du train. La ligne était abandonnée, l'herbe avait poussé entre les rails, et non loin de là, il y avait un vieux wagon: le temple où François réfléchissait.

C'est là qu'il se tenait souvent, qu'il préparait son avenir ainsi que la piste sacrée des Indiens de la ligne du train. Et c'est là que des éclairs remplissaient sa tête: comme des illuminations.

«Faire en sorte que les grands ne cognent pas sur les petits.»

«Ce qu'on n'a pas dans les muscles, on l'a dans la tête.»

Malheureusement, les autres dans la classe ne faisaient rien contre la bande des Gros tas. Ils préféraient éviter les trois garçons. Car on surestime celui qui crie très fort. Jusqu'à ce qu'un autre arrive et lui caresse le nez, avec ses poings, s'entend.

François s'entendait bien avec Chantemerle, son instituteur, car celui-ci le laissait en paix. C'était un homme tranquille comme vous et moi. A la maison, il avait une gentille femme et un chien, beaucoup de vacances et il était satisfait de sa vie, alors, pourquoi ennuyer les élèves? Tout le monde veut vivre en paix. Ou presque.

Parfois, il s'écriait:

«Francastel, dis-moi qui, ou ce qui ou ce que ou quoi ou comment ... ou ... ah, assieds-toi.»

François Francastel était quelqu'un qu'on ne remarquait pas, car c'était un garçon tranquille, qui ne faisait pas de bruit. Quand on n'était pas à lui courir après, comme ces sales Gros tas.
On va changer tout ça, les copains.
C'est ce que se jurait François, par Toutatis, le dieu gaulois, qui réside aussi derrière la ligne du train.

Il faut du temps pour tout. Mais ensuite, ça marche très bien

Comme beaucoup de gens, François avait deux grands-pères.

Papy Francastel ne comptait pas, car il n'avait envie de rien.

Mais Bon-Papa Henri Prunier, le grand-père maternel de François, c'était un vrai baroudeur.

Il avait envie de tout.

La famille disait de lui:

«Henri connaît le monde entier de haut en bas et de bas en haut. On ne lui fait pas croire n'importe quoi.»

Henri Prunier.

Vu de face, il a l'air d'un pirate.

A cause des rhumatismes, il marche avec une canne, ça arrive même aux corsaires, on ne peut rien contre le destin. Dans sa chambre, on trouve tout ce dont un homme a besoin pour développer un caractère fort. Des caisses et des cartons, remplis d'objets extraordinaires. Des animaux de la forêt vierge empaillés, des perles en verre de Singapour, de vieux pantalons militaires déchirés ... mais ne perdons pas notre temps à compter tout ça.

François allait donc chez Bon-Papa Prunier, parce que, disait-il:

«Avec lui tu peux parler comme avec un frère indien. Il a réponse à tout».

Et il lui expliqua tout en détail. De quoi il s'agissait. De Jeannot Gros-Tas et de sa bande, qui étaient supérieurs en nombre, contre qui lui, François, ne pouvait rien faire et à qui il fallait donner une leçon au nom de la justice. Et à coups de poing.

«Je pense à un heaume qui rendrait invisible», dit François, et il se mit à regarder autour de lui dans la pièce.

«S'ils ne me voient pas, ils ne pourront pas me taper dessus, mais moi, je cognerai.»

«Oui, François, bien sûr. Seulement, dans ce monde, il n'y a pas beaucoup de heaumes qui rendent invisibles. Pourtant, je dois en avoir un. Ou quelque chose dans le genre ... nous allons essayer, François.»

Il chercha dans une armoire, sortit un chapeau tout usé, et il raconta à François comment celui-ci avait sauvé la vie d'un homme à Bangkok.

«La police était après lui, et il perdit ce chapeau. Je le ramassai, l'homme était en bas de l'escalier, la police en haut, et je lui jetai le chapeau. Dès qu'il l'eut, il disparut. Invisible. Personne ne sait où, ni comment il disparut. La police tira derrière lui, à l'endroit où il aurait dû être. Mais elle ne toucha rien, mis à part quelques poubelles.»

Deux trous faits par les balles.

«Chaque trou vaut une vie», dit-il. «Je te donne deux fois ma vie, Monsieur Prunier.»

Par Toutatis, le dieu gaulois, voilà ce qu'il fallait à François. «Chaque balle qui transperce le chapeau vaut une vie, elle rend son propriétaire plus fort.»

Pour sûr, on peut se l'imaginer.

«Mets-le!»

François le mit et il sentit comme une sorte de courant électrique qui vibrait à travers son corps. Ou comme du sable brûlant qui coulait dans ses veines. Ou quelque chose comme ça.

«François, où es-tu? Réponds!»

Le grand-père le cherchait, donnant des coups dans le vide.

Mais il tapait à côté.

Et pourquoi?

Eh bien, parce qu'il ne le voyait pas.

François serra de toutes ses forces la grosse main d'Henri Prunier, comme on fait entre vieux baroudeurs, il sortit en vitesse de la maison, retourna dans sa chambre et se mit devant le miroir.

Avec son chapeau.

Un gros chien ne répond pas. Et Goliath atterrit dans la corbeille à papier

Et que vit-il dans le miroir?

Eh bien?

Pas la peine d'essayer de gagner du temps: *il se vit lui-même, avec le chapeau.*

Mais c'est facile à comprendre:

«Si un homme invisible ne se voyait pas lui-même, il ne saurait pas où il se trouve, et il ne se retrouverait pas, s'il se cherchait.»

C'est ce que se dit François. Sans doute en est-il ainsi.

Mais quoi qu'il en soit, il courut vers la rue, tout droit vers le supermarché du père de Gros-Tas.

Mais avant ça, vite quelques essais en chemin, car le supermarché était encore à quelques centaines de mètres de là.

C'est ainsi qu'il rencontra d'abord un chien qu'il connaissait. Et avec lequel il ne s'entendait pas bien, car le chien aboyait toujours sur lui. Jusque là.

Avec son chapeau, il se dirigea tout droit sur le chien, il le toucha presque, le regarda droit dans les yeux, et le chien passa sans s'arrêter. Il n'aboya pas, il ne mordit pas, le premier contrôle du heaume-qui-rend-invisible s'était passé de façon positive.

Deuxième contrôle: de l'autre côté de la rue venait une vieille dame. L'homme généreux ne parle pas à haute voix aux vieilles personnes, pour ne pas les effrayer. François fit donc seulement un léger signe amical de la tête. Mais elle, sans regarder à droite ni à gauche, ne lui répondit pas.

Et pourquoi ça?

Pour sûr!

Le chapeau, ce heaume-qui-rendait-invisible, fonctionnait parfaitement. C'était vraiment un chapeau magique.

Ouaouh!

François continua à se diriger vers le supermarché Gros-Tas. Evidemment, il pouvait se voir lui-même dans les vitrines. Car les vitrines sont comme les miroirs. Ça ne suffit pas pour mettre en question sa foi en la force du heaume-qui-rend-invisible.

Avec de la craie, François écrivit sur la vitrine les belles paroles que voici:
«*Gros-Tas est un sale type.*»
Jeannot Gros-Tas vit ça de la fenêtre de son appartement.
Il sortit en courant.
François resta sans bouger là où il était.
Jeannot Gros-Tas le regarda bien en face.
Il dressa les poings, mais il les laissa ensuite retomber.
Le regard de François ne lui plaisait pas.
Il lui faisait peur.
Ce n'est pas ainsi que regarde quelqu'un sur qui on va cogner.
Et c'est alors que le poing de François le toucha au menton. Jeannot s'en alla en courant et il cria de loin:
«Demain, Francastel, on te scalpera. Salaud.»
Il y avait quelque chose qui ennuyait François dans tout ça. Comment Gros-Tas savait-il que c'était lui qui lui avait cogné dessus? Puisqu'il était invisible! Bah, l'essentiel, c'est que je lui aie donné un coup, on verra bien demain.
Le lendemain, François emporta naturellement son chapeau à l'école, il le mit, et il entra en classe; là, il y avait déjà Goliath Gros-Tas qui l'attendait à l'entrée. François alla droit sur lui. Derrière Goliath se trouvaient les deux autres mauvais garçons. Gros-Tas attrapa François par la chemise. Mais celui-ci le poussa d'un geste, de sa main droite exercée grâce au sac de sable. Et en même temps, les deux autres mauvais garçons. Ils volèrent pardessus une table et atterrirent par terre. Goliath dans la corbeille à papier.
Trois sales types par terre, vaincus.
Par un gars invisible.
Ouaouh!

Et alors, le poing de la justice rétablit l'ordre à la ronde

François alla tranquillement à sa place, comme Jack Silverstone, le juge intègre de Santa Fé, et il se mit à réfléchir.

«Si je suis invisible, pourquoi Jeannot Gros-Tas m'attaque-t-il dès que j'arrive à l'entrée?»

Chantemerle, l'instituteur, entra dans la classe, et la leçon se passa sans problèmes, comme d'habitude, sauf que les trois membres de la bande des Gros tas agissaient bizarrement. Ils regardaient du côté de Francastel.

Comme s'ils avaient peur. Bien entendu, pendant la leçon, celui-ci ne portait pas le heaume-qui-rendait-invisible et il pensait:

«Est-ce que ces bandits savent à qui appartenait le poing de la justice? A moi, François Francastel, 7, chemin des poiriers.»

Mais ce n'était pas là son problème principal.

L'essentiel était que le poing les atteigne assez fort.

Même pendant la récréation, François ne mit pas son chapeau.

Les trois l'évitèrent. Ils n'attaquèrent d'ailleurs personne d'autre. C'était nouveau! Jusque là, il ne s'était pas passé de jour sans qu'ils s'attaquent à quelqu'un. Toujours à plus faible qu'eux, naturellement.

Ce jour-là, on ne cogna pas du tout.

A un moment, Dingo essaya d'attraper un petit garçon par le col.

François mit son chapeau et alla vers Dingo, qui recula derrière ses deux copains.

«A chaque fois qu'il met ce fichu chapeau, il cogne», murmura Bouledogue à Goliath.

«Il nous faut faire attention à ce fichu chapeau.»

«Qu'est-ce qu'il a, ce chapeau?» demanda Dingo.

«Le chapeau de Francastel a quelque chose de spécial», répondit Bouledogue.

Ce jour-là, quelque chose avait changé dans la classe de cinquième A. Par Toutatis, le dieu gaulois.

Alors, vous n'avez rien appris? Et huit à zéro en faveur de François Francastel

Le lendemain, on aurait dit que Goliath et les deux autres garçons avaient oublié ce qui était arrivé le jour avant. François tenait son chapeau à la main quand il entra en classe. Goliath était debout près de la porte et le prit par le col, et il allait le lancer sur Bouledogue, qui s'était baissé derrière lui. Comme au bon vieux temps. Quand François n'avait pas encore ce fichu chapeau.

Rapide comme l'éclair, François mit son chapeau et lui ficha un tel coup à la tête qu'on entendit craquer le petit poing.

Ouaouh.

Et pour compléter tout ça, encore un coup ultra-rapide pour lui et les deux autres.

Et l'ordre régna à nouveau dans le saloon.

«Alors, vous n'avez donc rien appris depuis hier? C'est là que le poing de la justice a parlé pour François!»

On n'entendait que les trois mauvais garçons qui gémissaient. Chantemerle arriva, il les entendit, mais il pensa que quelqu'un chantait une chanson populaire ... Et il ne dit rien, car il aimait bien que quelqu'un chante une douce chanson en dehors de la leçon de chant.

Car celui qui chante est un homme pacifique.

Chantemerle aimait la paix par-dessus tout, c'est pourquoi il n'embêtait personne en classe.
Une fois de plus, rien ne se passa pendant cette leçon qui soit digne d'être raconté dans une histoire. Simplement, elle se termina.
Après, il y eut gymnastique. On joua au football, car là, Chantemerle ne devait pas faire grand-chose. Sauf siffler de temps en temps, pour que quelque chose arrive par un tir à onze mètres, un petit événement, en quelque sorte.
Gros-Tas, Dingo et Bouledogue étaient dans la même équipe. Bien sûr. On y trichait. Et ils gagnaient toujours. Car les trois étaient plus grands et plus gros et ils jouaient brutalement. Quand on fait un jeu brutal, c'est le poids qui compte.

«Ils te poussent de côté comme si tu étais une mouche, car ils se jettent sur toi de toutes leurs forces.»

François était avec d’autres petits dans l’équipe perdante.

«Le vainqueur est fixé d’avance.»

Mais non, les amis, ce jour-là, tout se passa autrement. François en effet était à l’attaque, il mit son chapeau, il pensa que personne n’allait le voir et il courut en avant, tête baissée.

«Attention, voilà Francastel avec son fichu chapeau», cria Bouledogue.

François passa, balaya la défense adverse comme des mouches et il poussa le ballon dans le but avec une facilité extraordinaire.

Un à zéro.

Deux à zéro.

Trois à zéro.

Jusqu’à huit buts à zéro.

Tous les buts furent marqués par Francastel, le gars au chapeau magique.

Parce qu’il croyait que les autres ne le voyaient pas.

Chantemerle: «Beau travail, Francastel.»

Quelque chose était arrivé dans cette classe de cinquième A, mes amis!

Depuis le jour où François avait mis le chapeau de Bon-Papa Henri.

Tralalalalère!

Mamie Francastel avec sa Peugeot «Ariane II». Et c'est alors que le feu de l'amour se répand sur la piste et touche deux personnes

A partir de là, on ne se battit plus. Ou alors, c'était deux garçons également forts. Et quand François était dans les environs, on ne se battait pas du tout.

Nous pouvons laisser là l'école et nous tourner vers la vraie vie.

Vers le village, en somme.

«Il y a un cirque qui passe», dit un jour *Mamie* Francastel, «on y va, François?»

Là, c'était le contraire. Mamie Francastel avait envie de tout, et Papy envie de rien.

C'était pour ainsi dire la fonceuse de la famille. Elle conduisait une moto, une Peugeot, qu'elle appelait «Ariane II».*

Avec ou sans side-car, selon les besoins. On peut dire que c'était une grand-mère extraordinaire qui n'avait peur de rien.

Elle avait de vieux vêtements, qu'elle portait partout.

Pas de rhumatisme et bon pied bon œil.

«Alors, on y va, Francinou?»

Tantôt, elle l'appelait François, et tantôt Francinou; et

* «Ariane», c'est le nom d'engin spacial français (ou européen)

elle avait toujours une surprise en réserve. Cette fois, c'était le cirque, *ouaouh*.

Le cirque.

«Bien sûr que oui!»

Pour y aller, ils prirent l'Ariane II de Mamie, avec son side-car. François était dans le side-car avec les provisions de voyage et deux sacs de couchage (elle en avait toujours un, car on ne sait jamais comment va finir la journée. Ce jour-là, ils en avaient donc deux).

La ville n'était pas très loin. Il y avait encore des billets. La nourriture suffisait pour trois jours ou encore pour aller au pôle Nord et en revenir. Des chips, des noix, des fruits et de ces trucs qui abîment les dents mais qui rendent heureux.

«Etre heureux, voilà l'essentiel, le reste, ce n'est rien, Francinou. On appelle ça aussi ‹le bonheur éternel› ou le ciel, retiens ça, gamin, et ne l'oublie pas. Pour trouver le bonheur éternel, il suffit de quelques bons trucs, et je vais te les apprendre. Mamie Lucie Ariane II. Ah ah ah.»

Avec une grand-mère comme moi, tu peux être heureux, espèce de pirate, pour sûr.

François portait son chapeau, car Mamie Francastel était naturellement au courant de l'affaire du chapeau. Avec des gens comme Mamie, on peut parler de tout. Elle et Henri Prunier, ce sont les grands de ce monde. *Ouaouh*. Quelle chance d'être de leur famille.

«Henri Prunier est un type super. S'il te donne un chapeau qui vient de Bangkok, alors le chapeau aussi est super.»

Voilà ce qu'elle avait dit.

Et quand elle disait quelque chose, c'était aussi super. Elle ne disait jamais de choses folles, sauf quand elle voulait en dire.

«Les folies sont nécessaires, elles rendent plus belle la vie, retiens ça, Francinou. Et tu vas en faire, des folies, avec moi, ta Mamie Lucie Ariane II. Ah ah ah.

Ils avaient des billets pour le premier rang. Mamie Lucie avait dit à la caisse qu'elle était journaliste et qu'elle devait écrire un article pour son journal. Et pour que celui-ci soit favorable, on laisse ces gens-là entrer gratuitement au cirque. Rien que de bonnes places, bien sûr.

Et c'est ainsi qu'ils n'eurent rien à payer. Mamie Lucie vivait avec peu d'argent et utilisait quelques bons vieux trucs pour foncer à travers l'existence.

En side-car.

Papy Francastel, lui, préférait rester à la maison et lire le journal.

Rien à redire à ça, l'un agit ainsi, et l'autre autrement, chacun à sa façon. L'essentiel, c'est d'être heureux.

Ils étaient donc assis au premier rang. Dans la loge d'honneur.

Le cirque n'était pas bien grand. On avait dressé quelques petits animaux. Un petit chien qui sautait au travers d'un lasso; une chèvre qui savait chanter comme Mireille Mathieu, mais il y avait un truc. Elle faisait seulement semblant de chanter. En réalité, il y avait quelque part une cassette qui tournait avec la voix de Mireille Mathieu.

«Ca s'appelle du ‹play-back›», murmura Mamie Lucie. «Une cassette tourne derrière, et quelqu'un fait comme s'il chantait. Ça se fait à la télévision.»

On avait donné du chewing-gum à la chèvre, elle le mastiquait, et elle avait l'air de chanter.

«C'est extraordinaire», dit François.

Le numéro faisait impression, parce que personne ne remarquait le truc, sauf nos deux amis: Mamie Lucie et François.

«Regarde-moi ces gens, là-bas à l'arrière.»
Mamie Lucie montrait à François comment on reconnaît ce que sont réellement les gens à leur façon d'agir ou encore à leur visage.
«Presque tout le monde a l'air de ce qu'il est. La difficulté, c'est seulement de le découvrir. Mais personne ne peut tromper Mamie Lucie.»
«Bien sûr», dit François. Bouledogue a l'air d'un bouledogue, Gros-Tas d'un gros tas. Je sais déjà reconnaître des tas de gens.»
Il savait reconnaître les sales types. Ainsi que les gens pacifiques, qui parlent toujours de paix et qui n'aiment pas trop travailler, mais qui n'ennuient pas les autres. Ces gens-là ressemblaient à Chantemerle.
«Regarde ce qu'ils font! C'est ridicule!» dit Lucie en pensant aux gens qui buvaient de grosses quantités de bière et qui riaient sans savoir pourquoi.
Quand François fondera la tribu des Indiens de la ligne du train, Mamie Lucie en sera le premier membre, voilà ce qu'il décida à ce moment-là sur le banc du cirque Machin-Chose. «La grand-mère de la nation indienne de la ligne du train.»
Ils étaient en quelque sorte, depuis le premier jour, frères de sang. Depuis le deuxième jour, car Lucie devait d'abord faire ses preuves, naturellement. Ce qu'elle réussit d'ailleurs du premier coup, quand elle rencontra François pour la première fois. Elle disait que tous ceux qui se conduisent de façon bizarre afin que tout le monde les remarque sont des «m'as-tu vu».
«Ce qui est idiot», dit Lucie, «car si tout le monde te remarque, tu ne peux rien faire de raisonnable sans te faire attraper. Parce que tout le monde te voit et t'a à l'œil. Un Indien ne se conduit jamais de façon bizarre, retiens ça, gamin.»

«Faire des choses raisonnables», c'était pour elle par exemple entrer au cirque sans trop dépenser d'argent. Si on ne l'avait pas laissée entrer gratuitement, elle aurait trouvé un trou sous le chapiteau. Ou alors elle aurait au moins bavardé avec le directeur, le temps pour François d'entrer sans qu'on le voie.

Quoi qu'il en soit, la représentation avait commencé.

Les numéros n'étaient pas sensationnels.

Sauf un.

Oui, sauf un.

Il y avait là un âne, que personne ne réussissait à monter.

«Venez, honorables spectateurs, et montez cette bête sauvage, et alors un baiser de ma fille mille fois belle, vous attendra comme prix suprême. Sur la bouche. La valeur d'un tel baiser, c'est plus qu'une villa. Ou qu'une BMW. Hum. Oui.»

Ouaouh! Cette fille était mille fois plus belle que ça. Elle était un peu plus grande que François, elle savait monter à cheval.

Quand François la vit et entendit cela, il sentit comme un feu brûlant passer dans son sang.

Pour la première fois de sa vie.

Le feu de l'amour.

Nous savons tous ça, et celui qui ne le sait pas le saura plus tard. *Ouaouh*.

«Alors, François?»

Mamie Lucie avait bien remarqué ce qui lui arrivait, car il était devenu tout rouge, et il ouvrait grands les yeux. Elle en savait aussi long qu'Henri Prunier.

François avoua quand elle lui demanda:

«Celle-là, Francinou? Ça t'a pris comme ça?»

Avec ces grands-mères indiennes, tu peux tout avouer, car de toute façon, elles le savent depuis longtemps.

Huit personnes environ montèrent sur l'âne et tombèrent. Puis vint Lily, la fille mille fois belle, elle tint un peu l'âne par la queue et Bernie, le clown, put monter facilement sur la bête sauvage en se servant d'un banc, avant de faire tranquillement un tour de piste.
Un autre tenta encore sa chance, mais lui aussi tomba.
«Le truc», dit Mamie Lucie, «c'est qu'il faut le tenir par la queue afin qu'il sache que c'est un ami qui le monte.» Mamie Lucie remarquait tout ce qui se passait dans le monde.
«Et maintenant, à toi, Francinou, chef des Indiens de la ligne du train! C'est un ordre.»
Mamie Lucie poussa François sur la piste. Il n'aurait jamais osé le faire tout seul, car comme nous le savons, on n'ose rien faire, lorsque le feu de l'amour brûle en nous.
Et elle ne lui donna pas le chapeau.
«Sans chapeau, François. Tu vas faire ça sans chapeau, n'aie pas peur.»
François était aussi rouge qu'une tomate.
Il regarde Lily la-mille-fois-belle.
Et elle le regarde.
Elle aussi est rouge comme une tomate.
Le feu de l'amour s'était-il aussi emparé d'elle?
Mamie Lucie du regard passait de l'un à l'autre.
Ah ah!
Ça les a pris tous les deux. Le feu de l'amour, sur la piste du Cirque Machin-Chose, s'était emparé de deux personnes. *Ouaouh.*
Lily prend l'âne par la queue (chose qu'elle n'aurait pas dû faire). François, se servant d'un banc, monte sur la bête sauvage avec une facilité enfantine et il fait tranquillement un tour autour de la piste, comme dans un rêve. Il n'entend plus rien. Lily avait agi comme dans un rêve.

Et c'est alors qu'il reçoit le premier baiser de sa vie. Ouaouh, ouaouh, ouaouh!

Et celui-là, on ne l'oublie jamais, les gars.

A partir de là, la journée continua comme s'il était dans un autre monde. Tout tournait et tout chantait.

Il n'entendit pas non plus ce que disait Mamie Lucie (d'ailleurs, elle ne disait rien).

«Quand nous fonderons la tribu des Indiens de la ligne du train, il faudra qu'il y ait aussi des femmes. Des jeunes. Une jeune et une vieille. D'un certain âge», se corrigea François.

«Eh bien, c'est tout à fait clair», dit Mamie Lucie, «au moins une de chaque sorte. Une jeune, une vieille. Surtout une jeune.»

Quelle journée ça avait été!

Tu en es venu à bout sans chapeau, François.

Par ta seule force.

Le deuxième baiser de notre vie. Et tout sent l'âne, la chèvre, le chien et le foin; et de plus: un Indien ignore la douleur

Au cours des jours qui suivirent, François marcha comme s'il planait. Un éblouissement dans la tête et pas envie de manger.

«Pas d'appétit», en somme.

Bien sûr, il avait remarqué depuis longtemps que le chapeau n'était pas un véritable heaume-qui-rendait-invisible. Mais il lui donnait de la force. Et même quand il n'avait pas de force, avec le chapeau, tout était différent. Désormais, il le portait presque continuellement sur la tête, c'était son signe distinctif. Tout comme on reconnaît Paris à la Tour Eiffel.

C'était désormais *François, le gars au chapeau magique*.

Mais ce n'était pas cela qui le faisait planer. C'était ce baiser. Il n'arrivait pas à chasser Lily la-mille-fois-belle de sa tête.

Le monde lui paraissait tout à coup différent. Certains disent de cet état qu'il est couleur de rose. Pour lui, il était plutôt argenté.

L'idée de la fondation de la tribu des Indiens derrière la ligne du train avait fait du chemin, car désormais, ils étaient déjà trois: Mamie Lucie, lui et Lily.

A l'école, tout était arrangé, nous n'avons plus à en parler. La bande des Gros tas était vaincue, finie. Les trois voyous étaient pratiquement liquidés. Ils se tenaient dans les coins et essayaient de se manifester par des actions encore plus bêtes.

Par exemple, ils fumaient et ils crachaient.

Mais ça n'intéressait plus personne. L'homme généreux ne rit même pas de cela.

On ne se battait plus, on criait à peine, Chantemerle continuait à répandre la paix et ne remarquait rien de ce qui se passait autour de lui. C'est du moins ce qu'on pouvait croire.

Seul François courait entre la ligne du train, le temple de la pensée et la maison de sa grand-mère Lucie.

«Alors, Francinou?»

Elle avait remarqué depuis longtemps ce qui lui arrivait.

Quand on est une grand-mère qui fonce à moto à travers la vie, et qu'en plus on sait comment régler le carburateur et réparer les pneus, alors, on remarque tout.

En tant que grand-mère.

«J'ai bien envie de retourner vite au cirque, François.»

François rougit à nouveau, et là, elle sut de façon certaine qu'elle avait raison; elle ne perdit donc pas de temps en paroles, elle prit ses affaires de moto, elle sortit la machine du garage et elle mit François et un sac de nourriture dans le side-car, et en avant, direction ville.

Ce jour-là, Mamie dit qu'elle était de l'administration municipale et qu'elle devait contrôler les mesures de sécurité. A nouveau une représentation gratuite. On ne la reconnut pas parce qu'elle portait ce jour-là ses vêtements de combat, un casque de motocycliste qui lui protégeait le visage.

Premier rang, la représentation se passa comme d'habitude, la chèvre chanta, le chien sauta à travers le lasso, mais une fois à côté. Et puis, Lily la-mille-fois-belle.

O là là! Comme s'il avait tenu un câble à haute tension dans sa main.

François essayait de regarder ailleurs, afin que Lucie ne remarque rien, mais elle lui disait:

«Eh bien, regarde, espèce d'idiot. C'est la meilleure chose de tout le cirque. Cette fille est fantastique.» Puis elle le poussa à nouveau sur la piste, et elle garda le chapeau.

Il reçut le deuxième baiser de sa vie.

Les gens applaudissaient, criaient de joie, mais François ne remarquait rien.

La tête pleine d'éblouissements, du feu liquide dans les veines, et retour à la maison comme dans un rêve.

Le lendemain, Mamie Lucie passa chez les Francastel et elle leur dit qu'elle avait perdu un gant au cirque, et qu'il lui fallait absolument le retrouver.

«Et le gamin peut m'accompagner, n'est-ce-pas, Annie?»

«Pour sûr qu'il peut t'accompagner. Mais attache-le bien à ta moto, Mamie, sinon, je t'arrache le casque.»

Bien sûr.

«Que veux-tu qu'il lui arrive dans le side-car, Annie?»

Et tout se passa comme les fois précédentes.

Le troisième baiser de sa vie.

«Demain, il nous faut repartir», dit Charles, le directeur, un type avec une barbe noire. Car il avait remarqué depuis longtemps ce qui se passait là. «Tu peux passer la nuit chez nous, mon petit gars.»

Comme les fois précédentes, ils n'avaient pas dû payer d'entrée. Mais cette fois, Mamie Lucie n'eut pas besoin d'inventer des trucs. Charles riait, car il avait compris dès le début que Mamie Lucie n'était ni du journal, ni de l'administration municipale.

«Mais j'aime les grands-mères qui sont comme ça. L'entrée sera gratuite ta vie durant.»

Depuis longtemps, il disait «tu» à Lucie, et elle disait «tu» à lui aussi depuis tout aussi longtemps, car les gens de la même sorte se reconnaissent immédiatement.

Mamie était d'accord pour que François passe la nuit là-bas.

«Je règlerai ça à la maison», dit-elle et elle fonça en direction de la ville, mais elle lui laissa son chapeau. Un jour aussi important que celui-là, un homme a besoin d'une amulette. Quelque chose qui le protège, qui l'aide et à quoi il peut s'accrocher.

François passa les deux plus beaux jours de sa vie. Par la suite, il aurait été incapable de dire ce qu'ils firent.

Ils allèrent dans les champs avec la chèvre et ils montèrent sur l'âne. Bien sûr, François parla de la fondation de la tribu des Indiens de la ligne du train.

«Tu viendras aussi. Tu seras la squaw.»

Il voulait qu'elle aille habiter dès cette année à Petit-Bosquet.

Elle allait en parler à son père, Charles, et celui-ci dit oui, à titre provisoire, afin de ne pas leur abîmer ces deux belles journées. Après cependant, il lui dit, en lui serrant la main: «En automne, nous ne voyageons plus, elle viendra alors à Petit-Bosquet. Comment t'appelles-tu?

«François.»

La poignée de main d'un type comme ça, ça a de la valeur.

Ouaouh.

Charles, Bon-Papa Prunier, Mamie Lucie, ils font partie de ces gens qui font ce que l'on croit impossible. Et ils le font quand même.

François mangea avec les gens du cirque; mais il ne savait plus ce que c'était.

Il dormit avec eux sur des matelas ou des sacs ou des machins comme ça et tout sentait bon l'âne, la chèvre, le chien et le foin.
François nota une adresse à laquelle il pourrait leur écrire. Lily lui donna une photo d'elle – son trésor le plus précieux.

Elle nota son adresse, pour lui écrire, et à partir du lendemain, ils apprendraient tous les deux la sténo, une technique qu'ils ne connaissaient pas encore bien.

«Pour écrire des lettres.»

Lily savait danser sur une corde, chevaucher et faire un saut périlleux sans élan. François décida d'aller aussi, un peu plus tard, au cirque. Il prépara un programme provisoire, avec tout ce qu'il devait faire dans l'ordre.

D'abord, il fallait dresser une tente indienne.

Ensuite, fonder la tribu des Indiens de la ligne du train.

Ensuite, ce serait le tour du cirque, et ainsi de suite.

Mais le temps était passé, les gens du voyage démontèrent le chapiteau et Mamie Lucie revint le chercher.

Cela lui fit très mal au cœur quand il dut partir.

«Un Indien ne connaît pas la douleur», dit Mamie Lucie.

Il pouvait donc la supporter.

Pour le moment du moins.

Chantemerle est un type bien. Et la tente indienne devient la maison de Lily

Indien ou non, s'il était sincère, il devait avouer qu'il *ne pouvait pas* supporter cette douleur.

«Lily est partie, Lily est partie.»

Il n'y avait pas de place pour autre chose dans sa tête. La tête pleine et le cœur gros, aucun Indien ne supporte ça.

François avait manqué un jour à l'école, il alla voir son instituteur, Monsieur Chantemerle, sans savoir encore ce qu'il allait lui dire et il commença: «Pour hier ..., j'étais, j'ai été ..., il fallait que je ..., je voulais ...»

«Ça va, Francastel, ta grand-mère a tout réglé.»

Mamie était quelqu'un de très bien.

Chantemerle aussi était quelqu'un de très bien. Dans tous les cas, un type comme ça vaut toujours mieux que quelqu'un qui t'ennuie et ne te laisse pas vivre en paix. Ces personnes-là sont des nôtres, nous les Indiens de la ligne du train et hommes généreux de la Prairie.

François se jura de faire toujours en sorte qu'à l'avenir personne n'ennuie Chantemerle. Il faut que les gens comme ça soient protégés. Par lui, *François Francastel le Puissant.*

Il n'y avait que le chagrin d'amour qu'il ne puisse pas supporter, mais c'était une autre histoire.

Il retourna à sa place, les genoux tremblants, et s'il n'avait pas eu le chapeau sous son bras, *il serait tombé mort tout de suite*.

Il pouvait le jurer.

Chantemerle l'appela une fois, il voulait lui demander quelque chose comme:

«Francastel, dis-moi ..., dis-moi ..., ou aurais-tu du chagrin aujourd'hui? Alors, assieds-toi.»

Dans la classe, personne ne remarquait combien le feu brûlait dans son cœur, mais ils avaient le plus grand respect pour *François Francastel avec son chapeau magique* ... Et après l'école, François allait dans le village. Un Indien ne sent pas la douleur ...

Il la sentait cent fois plus fort!!!

Courir, courir comme un lion prisonnier, un tigre, un ... et puis, zut! il allait chez Mamie Lucie, restait dans son coin, n'avait pas envie de manger. Il ne cherchait même pas dans ses choses à elle.

«Est-ce qu'on peut fermer à clé votre tente indienne, Francinou?»

«Quelle tente indienne?»

«Eh bien, j'espère que tu commences déjà à monter ta tente. Dans trois mois, Lily, celle du cirque, sera là, espèce d'idiot. Lily a besoin d'une maison ici.»

Lucie connaissait le wagon, bien sûr. Elle l'avait déjà découvert avec François, et ils y allaient parfois ensemble pour y réfléchir. Ensuite, ils s'asseyaient devant et ils regardaient au loin.

«Fermer à clé?»

La tente indienne, il avait oublié la tente et le Temple de la pensée, il n'y était plus allé depuis plusieurs semaines. Voilà ce qu'il lui fallait faire tout de suite.

Déjà, la douleur avait un peu baissé. Et puis trois mois, c'est très long, mais ce n'est pas l'éternité.

Il sortit dans la rue, alla à vélo jusqu'au wagon et ouvrit la porte. Tout était là, tel qu'il l'avait laissé. Il y avait quelques planches, dont il pouvait en cas de besoin faire une table. Deux briques; avec une planche par-dessus,

c'était un banc. Et une marmite: s'il s'installait pour toujours, il aurait déjà une marmite.

Et s'il dégageait le plancher, il y avait en-dessous la boîte secrète, où il conservait des choses importantes.

«Mais ça ne suffit pas. Ca ne suffit pas pour une tente indienne, centre principal des Indiens de la ligne du train et maison de Lily. Sans parler de Lucie, qui devait avoir un lit comme à la maison, c'est là un service normal à la clientèle. Toute Mamie a droit à un lit. Hugh.»

François s'assit devant le Temple et il commença à réfléchir, dans la mesure où sa tête n'était pas pleine de douleur à cause de sa squaw.

D'abord, il lui fallait du papier et marquer tout ce qu'il fallait se procurer. Dans la boîte secrète, il avait naturellement un bic et du papier, car il faut qu'un penseur note toujours ce qu'il ne doit pas oublier. Des découvertes, les bonnes idées d'un guerrier et des paroles pour la vie.

«Balai», écrivit-il d'abord. La pièce devait être propre.

«Outils. Marteau, clous, tenailles, scie ...»

Des rideaux?

Pas de rideaux, les Indiens n'ont pas de rideaux.

Pour cela, il fallait une remorque à son vélo. Il y avait tant à faire qu'il oublia la douleur qu'il sentait à propos de Lily. Et qu'en était-il de l'eau? Une tente indienne a besoin d'eau. Aucune squaw ne peut vivre sans eau.

Quand il arriva à la maison, son père était déjà là et lui dit:

«Demain, on aura une serrure pour le wagon.»

«Quelle serrure?»

Mamie Francastel était déjà passé par là et avait dit au père, qui était son fils à elle, de trouver une serrure pour le wagon. Une mère peut donner des ordres à son fils, toute sa vie. Si elle s'appelle Lucie, qu'elle conduit une moto Peugeot et qu'elle sait régler le carburateur et réparer les pneus.

«Mais tu es cheminot, mon fils!»

Au cours de sa vie, il avait compris qu'elle ne demandait jamais rien d'inutile.

Il avait vécu avec elle encore plus longtemps que François. Il fallait accepter ce que Mamie Lucie disait. Donc, il allait se procurer une serrure pour le wagon.

Il s'appelait Jean. Jean Francastel.

Avant, elle l'appelait Jeanjean, mais maintenant, elle lui disait: «Jean, espèce de malappris.»

Entre temps, Lucie était déjà partie, avec sa moto Ariane II, mais sans le side-car.

La nuit, il y avait beaucoup de choses auxquelles penser, et François n'arrivait pas à s'endormir.

«Une tente doit naturellement être montée et installée à la façon des vrais Indiens.»

Mais comment savoir, alors qu'il n'en avait encore jamais vu?

Mais alors, juste sur la ligne où on bascule avant de s'endormir, là où on est encore réveillé d'un pied et que de l'autre on se promène déjà dans la prairie du Royaume des rêves, c'est là qu'il pensa à *Henri Prunier*. Il sait de façon sûre comment une tente doit être arrangée pour au moins trois membres de la tribu.

En se réveillant le matin, il savait que c'était pour *quatre* membres de la tribu: il fallait aussi admettre Henri Prunier. Henri Prunier, le grand-père de la tribu des Indiens de la ligne du train.

Mamie Ariane II, la grand-mère des Indiens de la ligne du train.

Lily, la squaw et mère de tous les enfants à venir.

Et lui, François Francastel, le chef de la tribu.

Tout à coup, un regard perçant:
Et Gros-Tas retourne chez sa maman …
Mais François n'a plus besoin du chapeau

Le lendemain de cette nuit mémorable commença comme d'habitude à l'école. Il ne s'y passa rien de particulier.

Il ne s'y passa rien de particulier?

Ah ben si, il s'y passa quelque chose de particulier.

Un nouveau arriva en classe. Un Algérien. Pas grand, les cheveux noirs, il avait l'air fort et il parlait français comme vous et moi.

Gros-Tas et les deux autres se gonflèrent sur leurs bancs (tout comme des gros tas qu'ils étaient) et firent du bruit afin que le nouveau les remarque tout de suite et comprenne qui commandait ici.

Ils n'avaient encore rien compris. «Saladin est désormais dans cette classe», dit Chantemerle. Il était particulièrement aimable vis-à-vis de Saladin, car celui-ci avait l'air un peu inquiet. Il se sentait peut-être esseulé, à l'étranger et si loin de l'Algérie.

«Saladin – Paladin», s'écria Mégot, le clown de la classe, qui voulait toujours attirer l'attention par ses bonnes idées. Il n'avait pas pensé qu'il donnait là un fabuleux surnom au nouveau. A partir de là, Saladin s'appela naturellement Paladin. Et Mégot ne lui aurait jamais donné ce nom extraordinaire de sa propre initiative.

Quand Paladin passa près de Gros-Tas, ce dernier mit sa jambe en travers, Paladin tomba, et Chantemerle se mit en colère pour la première fois depuis que nous le connaissons, à en faire trembler les vitres. Il leva la main, comme pour donner un coup à Gros-Tas. Gros-Tas se mit en position et lui dit:

«Cognez, l'instituteur, cognez donc!»

Gros-Tas est un sale type. Chacun sait bien que le maître à l'école n'a pas le droit de battre un élève, quoi que fasse celui-ci. Chantemerle ne cogna pas et sortit dans la cour, pour se libérer de sa colère. Francastel alla alors, sans chapeau, vers Gros-Tas et lui donna un coup, et cette fois, le sang coulait de son nez.

Gros-Tas se mit à pleurer, en serrant les dents.

Lorsque Chantemerle revint, il était tout blanc de colère.

«Francastel m'a ..., et je le dirai à ma mère ... qui le dira ... aux autorités ... le ...»

Gros-Tas déchire quelques pages de son cahier et les presse contre son nez. Sans doute veut-il montrer ainsi que son malheur est immense.

Tout est taché de rouge.

Dans la classe régnait un silence de mort.

«Hé, Francastel?»

Chantemerle regarda François avec joie, comme pour le remercier. Mais il ne dit rien de plus.

Gros-Tas ramassa ses affaires tout en pleurant, il se mit devant Chantemerle:

«Vous entendrez parler de ma mère, l'instituteur. Nous ferons part de la chose aux autorités scolaires.»

Chantemerle répondit et cette fois, il avait d'un seul coup le regard perçant:
«Va, *Jeannot* Gros-Tas, va chez ta mère, je ne veux plus vous voir, ni toi ni elle.»
Appeler *Jeannot* celui qui se nommait lui-même Goliath, c'était pour Jeannot une des pires insultes. Le renvoyer devant tous chez sa mère, c'était la défaite de sa vie.

Il sortit en courant, et Chantemerle soupira, il sourit même un peu, et après, tout continua comme s'il ne s'était rien passé. Pourtant, il s'était passé davantage de choses dans cette classe que jamais auparavant.

Chantemerle avait montré qu'il était un lynx et qu'on pouvait compter sur lui en cas de besoin. Nous en reparlerons plus tard.

Et puis il était encore arrivé que François avait rétabli l'ordre par sa seule énergie, *sans son chapeau.*

François n'avait plus du tout besoin du chapeau.

François était fort, même sans chapeau.

Ouaouh.

Naturellement, il l'emportait partout. Le chapeau faisait partie de lui, comme la plume pour l'Indien. A la récréation, Paladin était dans un coin de la cour de l'école, et François était à dix mètres de lui, en garde du corps. Il fallait d'abord que Paladin s'habitue, comme un paladin doit s'orienter sur un terrain inconnu, c'est sûr, c'est pareil pour nous tous.

Personne, mais personne, n'aurait alors osé s'approcher du nouveau pour l'attaquer ou se moquer de lui, car il aurait fallu passer près de Francastel. Paladin regarda vite du côté de François, et François du côté de Paladin.

François avait un ami.

L'école était finie, François se tenait près de Paladin, il fit un détour pour le ramener chez lui et devant sa porte, il lui donna une tape sur l'épaule.

C'est un salut entre paladins.

«Tout va bien?»

«Tout va bien», dit Paladin.

C'était une belle journée.

Elle peut entrer dans l'Histoire.

Racontez-nous ce qui s'est passé ces derniers jours, Puissant Chef François, dit Bon-Papa Prunier

Après le repas, à une heure, François alla tout de suite chez Bon-Papa Prunier.

«Alors, gamin! Il y a un problème avec le chapeau?»

«Non», dit François, «tout va bien, la bande des Gros tas n'existe plus. Puis-je garder le chapeau?»

«Logique», dit Bon-Papa Prunier. Et ensuite, il lui dit:

«Racontez-nous ce qui s'est passé ces derniers jours, Puissant Chef François!» dit Bon-Papa Prunier.

«D'abord, nous avons un nouveau qui s'appelle Paladin.»

«C'est un nom extraordinaire.»

«Et alors ...»

François raconta alors l'essentiel de ce qui lui était arrivé au cours des derniers jours. Il laissa de côté ce qui n'était pas important. Il parla de Lily à la fin. En cherchant ses mots.

«Ce garçon raconte ce qu'il y a de plus important à la fin. Allons, parle-moi encore un peu de ça.»

Et ils en arrivèrent à ce que François demandait à Bon-Papa Prunier: des indications pour monter une tente indienne. Et pas seulement ça: il avait besoin de toute sa collaboration.

Hugh.

François raconta qu'il avait fondé la tribu des Indiens de la ligne du train, et qu'il fallait d'abord dresser une tente indienne. La tente existait déjà pour l'essentiel, mais il manquait encore des détails conformes à la façon de vivre des Indiens.

«Pour réaliser ce travail, on a besoin de bien connaître les conditions locales», dit Bon-Papa Prunier. «Prenez votre coursier, Grand chef, et trouvez-vous ici à trois heures cinq précises près de l'arbre à côté de la porte. On parlera de tout le reste sur place. Hugh.»

François courut vers la maison et il prit son coursier, je veux dire qu'il monta sur son vélo.

A trois heures moins cinq précises, il était devant l'arbre, avec dix minutes d'avance. Car il était nerveux.

A trois heures trois précises, Henri Prunier était là, tout prêt, devant la porte, avec deux minutes d'avance, car un homme du monde est toujours ponctuel.

Ils pédalèrent en silence, comme cela se fait entre hommes généreux de la prairie, en direction de la ligne du chemin de fer.

«Ah ah», dit Bon-Papa Prunier, «une excellente base pour une tente indienne parfaite, appropriée à la guerre comme à la paix et bonne pour fonder une tribu invincible. Hugh, je l'ai vu. Donnez-moi la clé.»

Papa Francastel s'était naturellement procuré une serrure et trois clés. Une pour François, une autre fut placée dans une boîte en métal, à dix centimètres de profondeur sous le coin gauche (vu de la porte d'entrée). Et François remettra la dernière au premier membre de la tribu. Le guerrier était déjà tout désigné: Paladin. Sûr. La cérémonie aura lieu lors de la première danse rituelle autour du feu de la paix et de la guerre.

François donna la clé à Henri Prunier.

Papa Francastel avait bloqué l'autre porte du wagon avec un crochet qui de toute façon se trouve dans les wagons.
«Et maintenant, du papier et un crayon, Grand chef!»
Voyons, il avait toujours un bloc-notes sur lui.
«La première chose qu'il faut dans une tente indienne, c'est une couche. Une squaw a besoin d'une couche, Grand chef. En tant que décorateur, je propose une peau de bison.»
«Je n'en ai pas.»
«Une peau d'ours, de mouton, ou un matelas.» «Je n'en ai pas», dit François. «Le guerrier Henri Prunier en trouvera une, hugh.»
Bon-Papa Prunier nota: matelas ou sacs.
«Ensuite, un guerrier indien a besoin d'un sanctuaire. C'est là que l'on expose les fétiches, les objets sacrés et tout ce qui jamais, jamais, chef François, ne doit être perdu, retenez cela. Ni par suite d'un vol, ni à cause d'un incendie, ni lors d'une tempête ou d'une inondation.»
Sûr, François n'avait encore jamais pensé à ce sanctuaire, mais il savait déjà quel était son objet le plus sacré. Eh bien? C'était quoi?
Tout juste: la photo de Lily.
Deuxième objet sacré: le chapeau magique.
«Je trouverai encore quelque chose», dit Bon-Papa Prunier.
Il continua à noter:
«Objets du culte.
Marmites pour l'eau.
Outils pour le feu ...» Car toute tente indienne a besoin d'un feu central. Pour faire des grillades.
«Marteau, clous, tenailles, scie ...» Avec ça, nous avons déjà suffisamment à faire pour le moment, chef François, et maintenant, au travail.»

Ils retournèrent sur leurs coursiers par les chemins sablonneux.

«Demain, à trois heures cinq précises devant l'arbre, avec selle et éperons, chef. Que le Grand Manitou vous donne sa force.»

Il le fit. Le soir, on mangea chez François des pommes de terre et du poisson pour le dîner. Ça donne des forces.

Mamie Lucie exécute la danse guerrière des Indiens de la ligne du train. Et les grillades sont réussies

Le lendemain, à trois heures moins cinq précises, François se trouva devant l'arbre près de la porte, dix minutes d'avance à cause de sa nervosité. Henri Prunier arriva une minute trop tôt, à cause de son goût de la ponctualité. Pas seulement avec tout son équipement, mais encore avec une remorque de vélo pleine de matelas, d'outils, de sacs et d'un bidon rempli d'eau.

Et puis, on travailla.

Henri Prunier fabriqua un balai à partir d'une branche de sapin et d'un bâton.

«Balayer, chef.»

En tant qu'Ancien de la tribu, il pouvait donner des ordres.

La couche fut montée, on cloua quelques planches, on fabriqua une table, un banc et l'autel. Et dehors, on fit un emplacement pour le feu avec des pierres. Et un gril en fer.

Henri Prunier l'avait apporté. Il était presque nuit quand ils rentrèrent à vélo.

Pas de problème à la maison, maman Francastel savait ce qu'il fallait faire.

Seulement, François trouva que la tente n'était pas assez confortable.

Pas assez de couleurs. Les objets indiens doivent avoir beaucoup de couleurs.
François n'avait rendez-vous avec Prunier que le surlendemain, parce que Prunier «avait encore à terminer quelques travaux pour la tente» et il alla le lendemain au wagon avec Paladin.
«Jusqu'ici, je n'ai jamais encore montré cet endroit à personne», dit-il à Paladin. Jusque là, il n'avait jamais eu d'ami. Aucun comme celui-là.
Ils travaillèrent encore quelques heures, Paladin disposa une réserve de bois. Il dit qu'il était spécialiste en grillades.
«Les grillades sont la base de toute véritable vie sauvage», dit-il, à quoi on remarquait qu'il avait compris la vie.
«Pour marquer les débuts de la tribu, nous organiserons une fête», dit François, et il lui parla des Indiens de la ligne du train. Et même de Lily.
«J'ai une sœur», dit Paladin, «qui s'appelle Aïcha.»

Le lendemain, ils n'allèrent pas à l'école. François dit à Chantemerle que lui et Paladin avaient quelque chose d'important à faire. Chantemerle était d'accord. Depuis que François avait mis de l'ordre dans la classe, Chantemerle le croyait quand il disait qu'il avait quelque chose d'important à faire et il ne lui demandait pas ce qu'il devait faire. Chaque être humain a un secret, il ne faut pas essayer de le connaître.
Ainsi, Paladin n'avait plus peur de l'étranger, car là où il y a un professeur comme ça, on n'a pas besoin d'avoir peur.
L'essentiel était que François devait présenter Paladin à sa grand-mère.
Elle était chez elle.
«Voici mon ami Paladin. Et Lucie, qui s'appelle Lucie.»

«Hé, Paladin. Vous voulez manger quelque chose?»

Ils n'avaient pas le temps, pour sûr. Et pas faim non plus.

Elle les invita tous les deux dans son side-car, et ils traversèrent le village en direction de la ligne du train, car Lucie, en tant que grand-mère de la tribu devait aussi monter la tente indienne.

Elle dit: «Ah ah!» et rien d'autre, elle repartit, après avoir dit: «Je serai de retour dans une heure.»

Et elle ramena alors tout un side-car rempli de couvertures colorées, un vieux tapis et quelques coussins.

«Il y aura une fête avec la danse de la guerre et de la paix», dit François. «Et des grillades», ajouta Paladin.

Le lendemain, Bon-Papa Prunier apporta un poteau indien, un chef-d'œuvre qu'il avait fait lui-même.

Du bois de caisse, des clous, de la couleur.

La tente était devenue
oh là là bon sang de bon sang
un truc énorme.

Enfin, on monta l'autel. Une planche sur le coin, recouverte d'un vrai foulard mexicain (de Mamie Lucie). Un clou au-dessus pour le chapeau magique. Sur la planche, la photo de Lily.

«Le sanctuaire sera achevé le jour de la fête», dit Prunier.

«Viens donc avec nous, François», dit Paladin, et François, ce jour-là, mangea à la mode arabe.

«C'est très bon», dit-il.

Le lendemain, Paladin apporta à l'école une amulette arabe et quelques images algériennes pour l'autel.

Ouaouh.

Premier rendez-vous des membres de la tribu qu'on pouvait joindre à ce moment-là: le surlendemain.

Ce jour-là, les trois premiers membres de la tribu décidèrent de célébrer la fête des Indiens de la ligne du train le 15 août, lorsque la pleine lune se lèverait, et ce en faisant un feu et en mangeant des grillades.

«Et du miel de là-bas», dit Paladin.

«Dommage», pensait François, «que Lily ne puisse pas être de la partie.»

C'est pourquoi il dormit mal. Il avait déjà reçu une lettre d'elle, il en avait lui-même écrit deux. Il en écrira une demain, en lui demandant de lui envoyer une mèche de cheveux.

Encore dix jours avant la fête, dix jours qui se traînèrent un peu.

Chacun prit ses dispositions plus ou moins secrètes, et puis arriva le 15 août.

La journée se déroula sans incidents, pour François et Paladin, mais non sans nervosité.

A six heures du soir, François et Paladin étaient déjà dans la tente, Paladin vint avec sa sœur, elle ne parlait pas encore bien le français, mais à part ça, elle était bien.

Paladin s'occupa du feu. Il disait: «D'abord, le feu doit bien brûler, et il faut du charbon de bois. Il ne faut pas faire les grillades au-dessus des flammes.»
Ensuite arriva Prunier, il apportait des boissons, même du vin pour lui et Mamie Lucie. Les guerriers ont besoin d'un peu de vin, la boisson qui réchauffe le cœur des guerriers.
Mamie Lucie apportera sa radio et des cassettes sensationnelles: des chants indiens pour la fête, et du rock pour après.
«Et une surprise extraordinaire,»
dit Prunier.
Cela causait une tension terrible à François.
«Il ne faut pas que la graisse tombe sur les flammes», dit Bon-Papa Prunier, le gardien du feu de camp, «car alors, on a du goudron, ça rentre dans la viande et ce n'est pas bon pour la santé.»
Le feu était mourant, il était déjà sept heures, le charbon de bois était brûlant et on le mit de côté. Là où il n'y avait pas de braise, Paladin posa les grillades. Ainsi, la graisse ne coulerait pas sur la braise.
Du pain grillé.
Des cornichons et des tomates en morceaux.
Mamie Lucie arrive dans vingt minutes, alors le repas sera prêt.
Quinze minutes.
Cinq.
Henri Prunier souriait en se cachant d'une drôle de façon. Sans doute à cause de la surprise.
Alors, on entendit le grondement de la moto Ariane II, ça se rapprochait. Mamie Lucie avec le side-car et un sac à l'intérieur.
«Tout le monde sous la tente et interdiction de regarder dehors. C'est un ordre.»

Tout le monde dans la tente, on ferma l'entrée, Prunier, en tant que grand-père de la tribu faisait attention à ce que personne ne regarde dehors.

«Tous les guerriers au lieu de l'inauguration!»

On ouvrit l'entrée. Le sac était là, devant la tente, et François crut voir quelque chose bouger à l'intérieur. Et il sut tout de suite: c'était un chien.

Il ouvrit le sac,

Il y avait Lily dedans.

Oh là là bon sang de bon sang.

Désormais, nous ne raconterons plus rien. A chacun d'imaginer la suite.

L'inauguration eut lieu, quand Bon-Papa Prunier déposa dans le sanctuaire un tout petit oiseau tout desséché qu'il avait trouvé dans la forêt vierge, un fétiche plus précieux que l'or et l'argent, et que Mamie Lucie plaça un collier de véritables perles incas autour de la photo de Lily.

Alors, on donna à Paladin la deuxième clé de la tente.

On sortit la troisième et on la donna à Lily. La squaw a besoin d'une clé, pour sûr.

Et ensuite nous dirons encore que les grillades étaient réussies, que Mamie Lucie après la première bouteille de vin ouvrit la danse de la paix et de la guerre autour du feu, avec Bon-Papa Prunier et les autres derrière. On entendit d'abord la chanson indienne, puis Patrick Bruel, sur le lecteur de cassette.

Oh là là bon sang de bon sang, quelle fête!

On peut encore dire de Lily qu'elle put rester deux jours, et puis que Mamie Lucie la ramena au cirque.

Par la suite, François alla souvent chez Paladin et il y mangea à l'algérienne, après ça, il connaissait vingt-et-un mots d'arabe. Paladin allait souvent chez les Francastel avec sa sœur, et il y mangeait des frites. Bientôt, sa sœur parla français comme vous et moi.

En octobre, Lily reviendra et elle restera très longtemps.

Eh bien alors, rendez-vous en octobre, chers Indiens de la ligne du train et Mamies à moto.

Vocabulaire et exercices

Un garçon nommé François. Et son combat contre la bande des Gros tas ——— *7*

	le combat	Kampf
	gros, -se	dick, stark; grob
	le tas	Haufen, Menge
	gros tas	*etwa*: Großklotz
	le poirier	Birnbaum
	le cheminot	Eisenbahner
15	gaulois	gallisch, von Gallien
21	la boîte automatique	automatisches Schaltgetriebe
22	s'agir de qc	s. handeln um
22	la Bé Em Doublevé	*scherzhaft*: BMW
23	de plus	mehr; *hier*: älter
26	pleurer	weinen
26	redoubler	(Klasse) wiederholen
31	sale	dreckig; *fig.*: gemein
35	couard	feige
39	battre	schlagen, verprügeln
39	accrocher	*wtl.*: anhängen
41	indigne	unwürdig
44	cogner	schlagen
46	inférieur	*hier*: minderwertig
55	rêver	träumen
55	fonder	gründen
55	la tribu	(Indianer-)Stamm
57	les chasses éternelles	ewige Jagdgründe
57	torturé, -e	gemartert
58	l'âme (*f*)	Seele
62	l'avenir (*m*)	Zukunft
62	lointain	entfernt
62	immédiat	unmittelbar
65	voler	fliegen
68	attraper	fangen, *hier*: greifen
69	l'arrière (*m*)	hinterer Teil, hinten
69	se baisser	s. bücken
72	la fourmi	Ameise
72	l'espèce (*f*)	Art, Spezies
73	le ver de terre	Regenwurm
74	le for intérieur	Inneres
76	la vengeance	Rache
80	le sable	Sand
83	le genou	Knie
85	réfléchir	überlegen, nachdenken
87	bouger	s. bewegen
94	pressé,e	in Eile, eilig
99	abandonner	aufgeben, *hier*: stillegen
104	l'éclair (*m*)	Blitz
111	éviter	vermeiden, *hier*: aus dem Weg gehen
111	surestimer	überschätzen
113	le poing	Faust
118	ennuyer	verärgern, auf die Nerven gehen
128	jurer	schwören

1. Un petit contre trois grands ... Avez-vous connu des situations comme celle-ci dans votre vie? Racontez.

2. Caractérisez les principaux personnages de ce chapitre (François Francastel, Jeannot Gros-Tas, Chantemerle). En utilisant les mots du texte, suivez le schéma suivant:

	nom	parents	aspect	caractère	autres traits
1.					
2.					
3.					

3. Quelle est l'importance des différents projets de François (fonder une tribu indienne, s'entraîner)?

Il faut du temps pour tout. Mais ensuite ça marche très bien ———— *13*

6	le baroudeur	Kämpfer, Draufgänger	39	l'armoire (*f*)	Schrank
			40	sauver	retten
13	la canne	Spazierstock	42	perdre	verlieren
14	le corsaire	Seeräuber, Pirat	43	ramasser	aufheben
15	le destin	Schicksal	43	l'escalier (*m*)	Treppe
17	la caisse	Kiste	46	tirer	schießen
18	la forêt vierge	Urwald	46	l'endroit (*m*)	Stelle
18	empaillé, -e	ausgestopft	47	la poubelle	Abfalltonne
19	déchiré, -e	zerrissen	52	transpercer	durchbohren
31	le heaume	(Ritter-)Helm	63	à côté	*hier*: vorbei
33	taper	schlagen			

1. Caractérisez Henri Prunier en utilisant les indications contenues dans le texte.
2. Quelle est la principale différence entre les deux grands-pères?
3. Le grand-père décide-t-il d'aider François? Si oui, racontez pourquoi et comment.

Un gros chien ne répond pas. Et Goliath atterrit dans la corbeille à papier ———— *17*

	atterrir	landen	37	la foi	Glaube(n)
	la courbeille à papier	Papierkorb	46	(laisser) retomber	wieder fallen (lassen) (*re*-: wieder ...)
12	l'essai (*m*)	Versuch, Probe	48	la peur	Furcht
13	la centaine	etwa hundert	51	le menton	Kinn
20	aboyer	bellen	53	le salaud	gemeiner Kerl
20	mordre	beißen	64	exercé, -e	geschult, trainiert
25	effrayer	erschrecken	69	le gars	Kerl

1. Le chapeau est-il vraiment un objet magique? Rend-il François invisible? Qu'en pensez-vous?
2. Pourquoi François écrit-il sur la vitrine? Etes-vous d'accord avec lui?
3. Pourquoi à votre avis Gros-Tas ne cogne-t-il pas sur François?

Et alors, le poing de la justice rétablit l'ordre à la ronde ______ 20

7 sauf que	ausgenommen, daß	27 reculer	zurückweichen (*re-*: zurück ...)
18 la récréation	Pause (in der Schule)	31 fichu	lächerlich
23 faible	schwach		
26 le col	Kragen		

1. Qu'est-ce qui a changé en classe?

2. Pourquoi les «Gros tas» évitent-ils François?

3. Comment expliquent-ils le changement de François?

Alors, vous n'avez rien appris?
Et huit à zéro pour François Francastel ______ 22

5 lancer	werfen	33 l'équipe (*f*)	Mannschaft
9 craquer	krachen	33 tricher	betrügen, beschummeln
14 régner	regieren, herrschen	33 gagner	gewinnen
14 le saloon	Wildwestsalon	35 le poids	Gewicht
17 gemir	ächzen, stöhnen	37 la mouche	Fliege, *hier*: kleiner Mensch
24 embêter	verärgern	39 perdre	verlieren
26 digne	würdig, wert	40 le vainqueur	Sieger
29 siffler	pfeifen	48 le but	Tor
31 le tir à onze mètres	Elfmeter (Strafstoß b. Fußball)		

1. Quel événements attendez-vous en lisant le titre de ce chapitre?

2. Comment l'instituteur réagit-il en entendant les gémissements?

3. Pourquoi les «Gros-tas» gagnaient-ils toujours au football et pourquoi perdent-ils cette fois?

Mamie Francastel et sa Peugeot «Ariane II». Et c'est alors que le feu de l'amour se répand sur la piste et touche deux personnes — *25*

	se repandre	s. verbreiten
7	le cirque	Zirkus
11	la fonceuse	Draufgängerin
12	la moto	Motorrad
13	l'engin (*m*) spatial	Weltraumrakete
14	le side-car	Beiwagen
14	le besoin	Bedürfnis
20	tantôt ..., tantôt	bald ..., bald ...
27	le sac de couchage	Schlafsack
32	le chip	Kartoffelchip
33	le truc	Ding
33	abîmer	beschädigen
37	le ciel	Himmel
37	le gamin	Junge, Bursche
39	ah ah ah	hahaha (*Lachen*)
52	fou, folle	töricht, närrisch
54	la folie	Torheit, Narrheit
64	foncer	*hier*: s. durchschlagen
68	rien a redire	nichts dagegen zu sagen (*re-*: wieder ..., zurück)
73	sauter	springen
74	la chèvre	Ziege
81	mastiquer	kauen
93	tromper	täuschen, irreführen, betrügen
94	le bouledogue	Bulldogge (*Hund*)
106	le machin-chose	Dingsda
109	le frère de sang	Blutsbruder
111	la preuve	Beweis
118	attraper	fangen, einholen
124	le trou	Loch
124	le chapiteau	Zirkuszelt
131	l'âne (*m*)	Esel
133	le baiser	Kuss
134	la bouche	Mund
150	avouer	gestehen, zugeben
156	la queue	Schwanz
159	tenter	versuchen
161	sache (>savoir)	wissen
167	oser	wagen
178	ah ah	aha (*Ausdruck des Verstehens*)
180	s'emparer de	s. ... bemächtigen
184	avec une facilité enfantine	kinderleicht
185	le rêve	Traum
202	le bout	Ziel

1. Que savez-vous du cirque dont parle le livre? Caractérisezle à partir du texte.

2. Mamie Francastel a deux grandes règles dans la vie, être heureuse et faire des choses raisonnables. Qu'en pensez-vous?

3. Décrivez le numéro qui est qualifié de sensationnel. Qu'en pensez-vous?

4. A la fin de ce chapitre, quel sont les différents membres de la tribu et pourquoi François les choisit-il?

Le deuxième baiser de notre vie. Et tout sent l'âne, la chèvre, le chien et le foin. Et en outre: un Indien ignore la douleur. — *33*

	le foin	Heu
	la douleur	Schmerz
2	planer	(in der Luft) schweben)
2	l'éblouissement (*m*)	(Ver-)Blendung
17	l'état (*m*)	Zustand
18	argenté, -e	silbern
23	vaincu, -e	besiegt
24	le voyou	Strolch, Straßenjunge
24	liquidé, -e	liquidiert, beseitigt
25	le coin	Ecke
26	bête	dumm
27	fumer	rauchen
27	cracher	spucken
30	à peine	kaum
38	foncer	s. stürzen
39	le carburateur	Vergaser
43	sut (> savoir)	wissen
45	les affaires (*f*) de moto	Motorradkleidung
46	la nourriture	Lebensmittel
48	l'administration (*f*) municipale	Stadtverwaltung
49	les mesures (*f*) de sécurité (*f*)	Sicherheitsmaßnahmen
50	la représentation	Vorstellung
51	les vêtements (*m*) de combat (*m*)	Kampfanzug
52	le casque	(Motorrad-)Helm
57	la haute tension	Hochspannung
59	ailleurs	anderswo(hin)
63	garder	*hier*: zurückbehalten
70	le gant	Handschuh
74	arracher	heraus-, abreißen
80	la barbe	Bart
111	l'automne (*m*)	Herbst
114	la poignée	Griff
114	la poignée de main	Handschlag
122	le matelas	Matratze
126	le trésor	Schatz
129	la sténo	Schnellschrift, Steno
132	la corde	Seil
132	chevaucher	reiten
136	dresser une tente	ein Zelt aufschlagen
143	supporter	ertragen

1. François a remarqué que le chapeau ne le rendait pas invisible. Cherchez les éléments contenus dans le texte.

2. Qui est-ce qui souhaite le plus retourner au cirque?

3. Est-ce que Mamie Lucie et Charles aident François et Lily? Comment?

Chantemerle est un type bien. Et la tente indienne deviendra la maison de Lily — *40*

20	le puissant	der Mächtige
21	le chagrin	Kummer
37	prisonnier	gefangen
44	monter	*hier*: aufstellen
50	au loin	in der Ferne
56	l'éternité (*f*)	Ewigkeit
59	la planche	Brett
60	la brique	Ziegelstein
61	la marmite	Kochtopf
75	le bic	Kugelschreiber
76	la découverte	Entdeckung
77	le guerrier	Krieger
78	le balai	Besen
79	l'outil (*m*)	Werkzeug
79	le marteau	Hammer
79	le clou	Nagel
79	le tenaille (meist *pl.*)	Kneifzange
81	le rideau	Vorhang
82	la remorque	Anhänger
88	la serrure	(Tür-)Schloß
98	inutil, -e	unnütz
104	le malappris	Flegel (*adj.*: ungezogen)
113	basculer	schaukeln

1. Pourquoi Chantemerle est-il sympathique?

2. Que faut-il avoir dans une tente indienne?

3. Nommez les membres de la tribu dans ce chapitre.

Tout à coup, le regard perçant: Et Gros-Tas retourne chez sa maman ...
Mais François n'a plus besoin du chapeau — *45*

	perçant	durchdringend
9	gonfler	aufblähen, aufblasen
16	esseulé, -e	einsam, alleingelassen
21	le surnom	Beiname, Spitzname
27	la vitre	Glas-, Fenster(scheibe)
37	serrer les dents	die Zähne zusammenbeißen
40	les autorités (*f*)	Behörde
44	tacher	beflecken, besudeln
48	remercier	danken, s. bedanken
52	faire part	mitteilen, Mitteilung machen
58	l'insulte (*f*)	Beleidigung
60	soupirer	seufzen
60	sourire	lächeln
73	la plume	(Vogel-)Feder
86	la tape	Klaps, Schlag
86	l'épaule (*f*)	Schulter

1. Qui est le nouveau en classe? Décrivez-le comme vous l'avez fait au début avec les premiers personnages (nom, parents, aspect, caractère, autres traits).

2. Pourquoi Chantemerle se fâche-t-il? Qu'en pensez-vous?

3. Qu'arrive-t-il à Jeannot Gros-Tas?

Racontez-nous ce qui s'est passé ces derniers jours, Puissant Chef François, dit Bon-Papa Prunier — *49*

30	le coursier	Streitroß
44	approprié, e (à)	geeignet (für)
47	se procurer qc	besorgen
49	la boîte	Schachtel, Büchse, Dose
49	la profondeur	Tiefe
57	le crochet	Haken, Dietrich
61	la couche (*poet.*)	Bett, Lager
62	la peau	Haut; *hier*: Fell
65	l'ours (*m*)	Bär
65	le mouton	Hammel
69	le sanctuaire	Heiligtum
70	exposer	ausstellen
72	le vol	Diebstahl, Raub
73	l'incendie (*m*)	Brand
73	la tempête	Ungewitter, Sturm
73	l'inondation (*f*)	Überschwemmung
85	la grillade	Rostbraten, Gegrilltes
89	sablonneux	sandig
92	la selle	Sattel
92	l'éperon (*m*)	Sporn (beim Reiten)

1. Quels sont les objets qu'on a mis dans la tente?

2. Quels sont les objets sacrés et pourquoi?

3. Quels sont désormais les membres de la tribu?

Mamie Lucie exécute la danse de guerre des Indiens de la ligne du train. Et la grillade est réussie — *54*

4	le gout	Geschmack
7	le bidon	Kanister; *hier*: Feldflasche
10	le sapin	Tanne
11	balayer	fegen
14	clouer	(zusammen-)nageln
15	l'autel (*m*)	Altar
16	la pierre	Stein
26	le surlendemain	am übernächsten Tag
30	l'endroit (*m*)	Stelle, Ort
33	disposer qc	*hier*: anlegen
64	la couverture	Decke
65	le tapis	Teppich
65	le coussin	Kissen
68	le poteau	Pfahl
69	le chef-d'œuvre	Meisterwerk
70	la caisse	Kiste
70	le clou	Nagel (*vgl.*: clouer)
75	le foulard	Halstuch, Schal
78	achever	vollenden
91	le miel	Honig
92	le dommage	Schaden, *hier kurz für*: c'est dommage – das ist schade
93	être de la partie	dabei sein, mit von der Partie sein
96	la mèche	Haarsträhne, *hier*: Locke
107	s'occuper de	s. beschäftigen mit
108	le charbon de bois	Holzkohle
110	la boisson	Getränk
112	rechauffer	wieder erwärmen, aufwärmen (chaud = warm)
119	la graisse	Fett
120	le gardien	(Be-)Hüter, Wächter
121	le goudron	Teer
121	la viande	Fleisch
123	mourant, -e	sterbend; *hier*: glühend
125	la braise	(Kohlen-)Glut
128	le cornichon	kleine Pfeffergurke
128	en morceaux	in Stücken, in Stücke geschnitten
133	se cacher	s. verstecken
135	le grondement	Brummen
143	l'inauguration (*f*)	Einweihung
149	bon sang de bon sang	(*Ausdruck der Emotion, etwa*:) alle Achtung
152	déposer	niederlegen
153	l'oiseau (*m*)	Vogel
153	desséché, -e	vertrocknet, ausgetrocknet
155	le collier	Halsband
156	inca (*adj.*)	von den Inkas
165	le lecteur de cassettes	Kassettenrekorder

1. Qu'est-ce que Paladin apporte de positif à la tribu indienne?
2. Tout le monde est enfin heureux, mais pas pour les mêmes raisons. Expliquez les raisons de chaque personne.
3. Imaginez une suite à cette histoire (François et Paladin, François et Lily).

Questions concernant l'ensemble du texte

1. Caractérisez les différents membres de la famille de François.
2. Pourquoi le grand-père a-t-il donné le chapeau à François?
3. François a-t-il eu besoin de ce chapeau?
4. Quels avantages y a-t-il pour vous à connaître des gens d'autres pays?